7권

하나님과 친밀함 누리기

토기장이

토기장이 바이블 스터디 틴 시리즈는
한국교회의 청소년들이 영적으로 각성되고
말씀 위에 세워지기를 소망하며
도서출판 토기장이에서 만든 청소년 성경공부 교재입니다.

특별한 표기가 없는 모든 성경 구절은 개역개정성경을 인용한 것입니다.

Contents

토기장이 바이블 스터디 틴 시리즈, 이렇게 사용하면 백점 만점!

「토기장이 바이블 스터디 틴 시리즈」는 한 가지 주제 아래 통일성 있는 예배 진행을 위한 교재로서 '찬양-설교-2부 순서-성경공부'까지 물 흐르듯 연결되어 예배의 집중도를 높이고, 짧은 성경공부 시간을 최대한 활용할 수 있도록 구성된 교재입니다.

마음을 열어봐!

성경공부를 시작하기 전, 간단하지만 톡톡 튀는 아이디어들이 가득한 짧은 활동을 통해 성경공부에 대한 기대감과 흥미를 갖게 해줍니다.

성경을 열어봐!

말씀을 배우고 깊이 묵상하는 활동입니다. 설교말씀과 함께 이어지는 본문 말씀을 읽고 문제를 풀어보세요. 성령님의 도우심을 따라 말씀을 '내 것'으로 만들어 보세요.

세상을 열어봐!

배운 말씀을 삶속에 구체적으로 적용하도록 돕는 활동입니다. 이 활동을 통해 매일매일 말씀으로 살아가는 기쁨과 능력을 경험하세요. 여러분이 세상 가운데 하나님의 은혜를 흘려보내는 축복의 통로가 되기를 기대하며 기도합니다.

Togijangi Bible Study teen series

1

하나님과 친밀함 누리기

01 하나님의 우선순위 • **02** 하나님은 나의 주? • **03** 인생 나침판 •
04 친밀함으로 한 걸음 말씀읽기 • **05** 친밀함으로 두 걸음 말씀처럼 • **06** 친밀함으로 세 걸음 거룩하게 •
07 성령님과 함께 걸어요 • **08** 주님 다시 오실 때까지

01 하나님의 우선순위

성경본문 요한일서 2:15-17, 4:1-6
중심구절 요한일서 2:5

인생 월드컵

나에게 가장 소중한 여덟 가지를 양쪽 끝에 적은 후 둘 중에 무엇이 더 소중한지 하나씩 지워나가 봅시다. 가장 마지막에 남은 것은 무엇인가요?

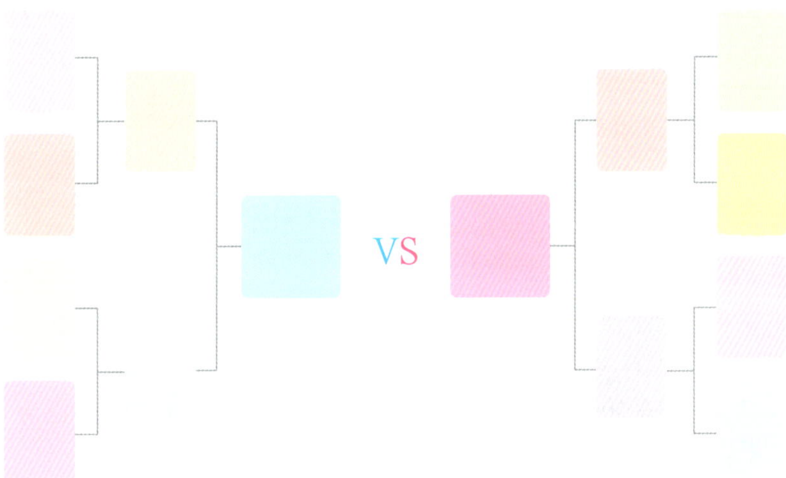

가장 마지막에 남은 것과 예수님을 사랑하는 마음 중
한 가지만 선택해야 한다면?

하나님과 세상

요한일서 2:15-17

15 이 세상이나 세상에 있는 것들을 사랑하지 말라 누구든지 세상을 사랑하면 아
버지의 사랑이 그 안에 있지 아니하니
16 이는 세상에 있는 모든 것이 육신의 정욕과 안목의 정욕과 이생의 자랑이니
다 아버지께로부터 온 것이 아니요 세상으로부터 온 것이라
17 이 세상도 그 정욕도 지나가되 오직 하나님의 뜻을 행하는 자는 영원히 거하
느니라

1. 성경말씀을 읽고 다음의 문장들을 완성해 보세요.

- ☐☐을 사랑하면 ☐☐☐의 사랑이 그 안에 ☐☐.
- 세상이 있는 모든 것이 ☐☐의 정욕과 ☐☐의 자랑, ☐☐의
- ☐☐이다. 하나님을 ☐☐하는 사람들은 ☐☐를 ☐☐하므로
- ☐☐의 영을 따르지 않는다.

보기										
세상	아들	딸	미움	사랑	다툼	인생	이생	안목	육체	영혼
있다	없다	아버지	어머니	시인	소설가	예수	성령	미혹	육신	정욕

2. 우리로 하여금 하나님을 사랑하지 못하게 하고, 하나님을 떠나게 만드는 이는 누구입니까?

요일 4:1	요일 4:3	요일 4:6

요한일서 4:1-6

1 사랑하는 자들아 영을 다 믿지 말고 오직 영들이 하나님께 속하였나 분별하라
많은 거짓 선지자가 세상에 나왔음이라
2 이로써 너희가 하나님의 영을 알지니 곧 예수 그리스도께서 육체로 오신 것을
시인하는 영마다 하나님께 속한 것이요
3 예수를 시인하지 아니하는 영마다 하나님께 속한 것이 아니니 이것이 곧 적그리
스도의 영이니라 오리라 한 말을 너희가 들었거니와 지금 벌써 세상에 있느니라
4 자녀들아 너희는 하나님께 속하였고 또 그들을 이기었나니 이는 너희 안에 계
신 이가 세상에 있는 자보다 크심이라
5 그들은 세상에 속한 고로 세상에 속한 말을 하매 세상이 그들의 말을 듣느니라
6 우리는 하나님께 속하였으니 하나님을 아는 자는 우리의 말을 듣고 하나님께
속하지 아니한 자는 우리의 말을 듣지 아니하나니 진리의 영과 미혹의 영을 이
로써 아느니라

3. 다음 중 하나님의 사랑이 그 속에서 온전하게 된 사람은 어떤 사람인가요?

토리의 하루

다음 토리의 일기를 보고, 하나님 우선순위에 맞게 완성해 보세요.

20XX. ○월 ○일 주일. 날씨 맑음

오늘은 ☐ 주일이다. 학교를 안 가도 되는 날이라서 기분이 좋았다.
☐ 일요일이다.

늦잠을 자고 싶었는데 시계 알람이 울렸다. 교회에 가서 예배를 드려야 하는데 너무 졸렸다.

☐ 그래서 알람을 끄고 다시 침대에 누웠다. 그래서 예배시간에 늦었다.
☐ 하지만 알람을 끄고 침대에서 일어났다. 그래서 예배시간에 늦지 않았다.

오늘따라 찬양이 너무 ☐ 즐거웠다. ☐ 지루했다. 성경말씀은 ☐ 나를 재우는 수면제였다. ☐ 나를 깨우는 비타민 같았다.

예배를 마치고 분반공부 시간에 친구들과

☐ 성경공부를 했다. 교회선생님께서 '우선순위'에 대해 가르쳐주셨다. 이해하기 어려웠지만 하나님의 마음을 조금은 알 것 같았다.
☐ PC방에 갔다. PC방에서 아르바이트하는 형이 최신 게임을 가르쳐주었다. 처음에는 어려웠지만 금방 익혔다. 내일 친구들에게도 가르쳐주어야겠다.

너무 재미있어서 시간가는 줄도 몰랐다. 집에 와서도 계속 생각이 났다.

그래서 ☐ 컴퓨터를 켜고 오늘 배운 최신 게임을 또 했다.
☐ 성경책을 펴서 엄마에게도 오늘 배운 말씀을 보여드렸다.

오늘은 무척 즐거운 하루였다. 무엇보다 ☐ 하나님 아버지께 감사한 주일이다.
☐ PC방 형에게 고마운 일요일이다.

예수께서 이르시되 네가 온전하고자 할진대 가서 네 소유를 팔아 가난한 자들에게 주라 그리하면 하늘에서 보화가 네게 있으리라 그리고 와서 나를 따르라 하시니(마 19:21)

02 하나님은 나의 주?

성경본문 마태복음 19:16-26
중심구절 마태복음 19:20-21

포터 백화점

축하드립니다! 세계 최대의 백화점인 포터 백화점 이벤트 '행복 찾기'에 당첨되셨습니다. 당신이 소원 5가지를 이루실 때까지 지원해드립니다. 5가지 소원을 적어보세요.

모든 것을 갖게 되면 영원히 행복할 수 있을까요?

나를 따르라

마태복음 19:16-26

16 어떤 사람이 주께 와서 이르되 선생님이여 내
가 무슨 선한 일을 하여야 영생을 얻으리이까
17 예수께서 이르시되 어찌하여 선한 일을 내게 묻느냐 선한 이
는 오직 한 분이시니라 네가 생명에 들어가려면 계명들을 지키라
18 이르되 어느 계명이오니이까 예수께서 이르시되 살인하지 말라, 간음하
지 말라, 도둑질하지 말라, 거짓 증언 하지 말라,
19 네 부모를 공경하라, 네 이웃을 네 자신과 같이 사랑하라 하신 것이니라
20 그 청년이 이르되 이 모든 것을 내가 지키었사온대 아직도 무엇이 부족하니이까
21 예수께서 이르시되 네가 온전하고자 할진대 가서 네 소유를 팔아 가난한 자들에
게 주라 그리하면 하늘에서 보화가 네게 있으리라 그리고 와서 나를 따르라 하시니
22 그 청년이 재물이 많으므로 이 말씀을 듣고 근심하며 가니라
23 예수께서 제자들에게 이르시되 내가 진실로 너희에게 이르노니 부자는 천국
에 들어가기가 어려우니라
24 다시 너희에게 말하노니 낙타가 바늘귀로 들어가는 것이 부자가 하나님
의 나라에 들어가는 것보다 쉬우니라 하신대
25 제자들이 듣고 몹시 놀라 이르되 그렇다면 누가 구원을 얻을 수
있으리이까
26 예수께서 그들을 보시며 이르시되 사람으로는 할
수 없으나 하나님으로서는 다 하실 수 있
느니라

1. 본문을 읽고 예수님과 부자청년의 대화를 완성해보세요!

2. 이 청년이 근심하면서 예수님을 떠나간 이유는 무엇인가요?(22절)

3. 예수님께서 청년에게 재물을 다 나눠주라고 하신 말씀의 의미는 무엇일까요?

러브 하우스

이 집은 당신의 집입니다. 각 방에 있는 물음에 솔직하게 답해보면서 내가 하나님을 얼마나 사랑하는지 생각해 봅시다.

매우 그렇다 = 5점
대체로 그렇다 = 3점
잘 모르겠다 = 1점
그렇지 않다 = 0점

나는?

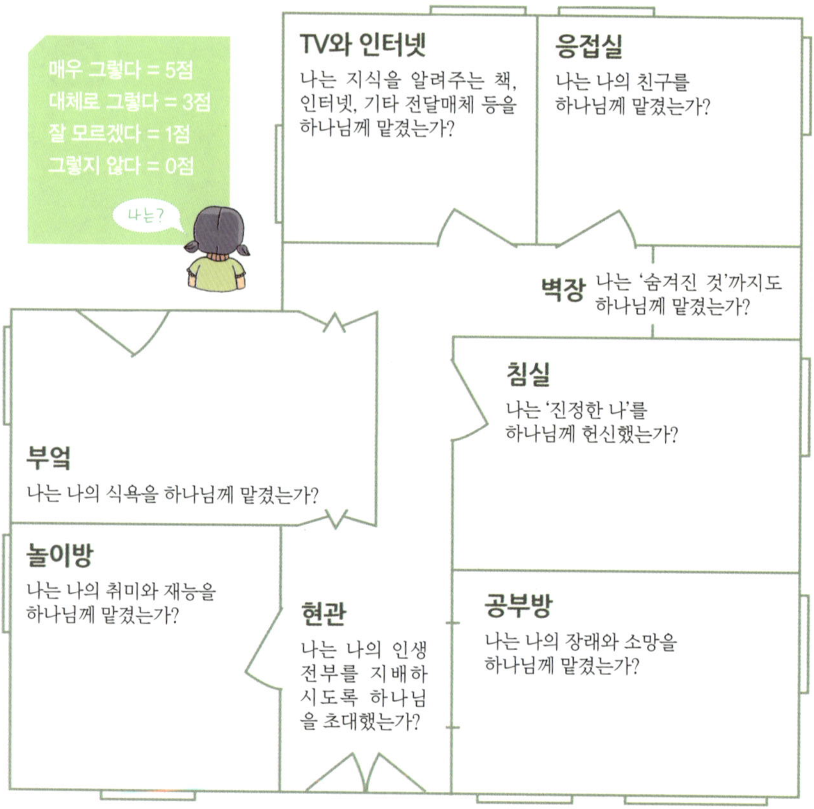

35점 이상	30점 이상	20점 이상	5점 이상
당신은 하나님 중심의 사람이군요! 하나님께서 당신을 기뻐하십니다!	조금만 더 노력하세요! 하나님께서 기뻐하실 거예요!	부자청년처럼 고민하지 마세요! 하나님을 사랑하신다면 예수님을 믿고 따라가세요!	예수님은 당신을 사랑하세요! 당신의 삶을 예수님께 맡겨보세요!

03 인생 나침판

성경본문 시편 119:97-114
중심구절 시편 119:105

아래 있는 도구들의 공통점은?

나침판

지도

네비게이션

인생 나침판

시 119:97-114

97 내가 주의 법을 어찌 그리 사랑하는지요 내가 그것을 종일 작은 소리로 읊조
리나이다
98 주의 계명들이 항상 나와 함께 하므로 그것들이 나를 원수보다 지혜롭게 하나
이다
99 내가 주의 증거들을 늘 읊조리므로 나의 명철함이 나의 모든 스승보다 나으며
100 주의 법도들을 지키므로 나의 명철함이 노인보다 나으니이다
101 내가 주의 말씀을 지키려고 발을 금하여 모든 악한 길로 가지 아니하였사오며
102 주께서 나를 가르치셨으므로 내가 주의 규례들에서 떠나지 아니하였나이다
103 주의 말씀의 맛이 내게 어찌 그리 단지요 내 입에 꿀보다 더 다니이다
104 주의 법도들로 말미암아 내가 명철하게 되었으므로 모든 거짓 행위를 미워
하나이다

1. 시편의 지은이가 하나님의 말씀을 사랑한 까닭은 무엇인가요?(119:98,104)

2. 시편의 지은이가 하나님의 말씀을 사랑한 방법은 무엇인가요?

105 주의 말씀은 내 발에 등이요 내 길에 빛이니이다
106 주의 의로운 규례들을 지키기로 맹세하고 굳게 정하였나이다
107 나의 고난이 매우 심하오니 여호와여 주의 말씀대로 나를 살아나게 하소서
108 여호와여 구하오니 내 입이 드리는 자원제물을 받으시고 주의 공의를 내게
가르치소서
109 나의 생명이 항상 위기에 있사오나 나는 주의 법을 잊지 아니하나이다
110 악인들이 나를 해하려고 올무를 놓았사오나 나는 주의 법도들에서 떠나지 아
니하였나이다
111 주의 증거들로 내가 영원히 나의 기업을 삼았사오니 이는 내 마음의
즐거움이 됨이니이다
112 내가 주의 율례들을 영원히 행하려고 내 마음을 기울였나이다
113 내가 두 마음 품는 자들을 미워하고 주의 법을 사랑하나이다
114 주는 나의 은신처요 방패시라 내가 주의 말씀을 바라나이다

3. 시편의 지은이가 삶의 위기와 고난을 당할 때마다
대처한 방법은 무엇인가요?

4. 시편 119편은 인생 최고의 나침반이 무엇이라고 말하고 있나요?

미로 십자가

이것은 프랑스 샤르트르 대성당 바닥에 새겨진 '미로(Le Labyrinthe) 십자가'를 간단하게 그린 것입니다. 원 안의 길을 걸으며 말씀을 묵상하거나 기도하는 곳으로 우리는 손가락으로 미로의 길을 짚어가며 다음 말씀을 묵상해봅시다.

여호와는 나의 목자시니 내게 부족함이 없으리로다
그가 나를 푸른 풀밭에 누이시며 쉴 만한 물 가로 인도하시는도다
시편 23:1-2

04

친밀함으로 한 걸음

말씀읽기

성경본문 신명기 28:1-9 ; 디모데후서 3:14-17 ; 여호수아 1:7-8
중심구절 디모데후서 3:16-17

도전! 성경 골든벨

1. 인류 최초의 동물원은?
2. 아담과 아담이후 사람의 차이는?
3. 성경 인물 중 최고의 예언가는?
4. 지상 최대의 살인자는?
5. 신구약은 모두 66권입니다. 그렇다면 성경은 모두 몇 자 일까요?

그런데 성경, 왜 읽어야 하는걸까요?

왜 읽어야 하죠?

1. 우리는 왜 성경말씀을 읽어야 할까요?

신명기

네가 네 하나님 여호와의 말씀을 삼가 듣고 내가 오늘 네게 명령하는 그의 모든 명령을 지켜 행하면,

디모데후서

모든 성경은 하나님의 감동으로 된 것으로 교훈과 책망과 바르게 함과 의로 교육하기에 유익하니 이는,

2. 우리는 성경을 어떻게 읽어야 할까요?

여호수아

이 율법책을 네 입에서 떠나지 말게 하며 주야로 그것을 묵상하여 그 안에 기록된 대로 다 지켜 행하라 그리하면,

3. 성경을 읽고 행할 때 하나님께서 허락하시는 '평탄함'과 '형통함'은 어떤 의미일까요?

신명기 28:1-9

1 네가 네 하나님 여호와의 말씀을 삼가 듣고 내가 오늘 네게 명령하는 그의 모든 명령을
지켜 행하면 네 하나님 여호와께서 너를 세계 모든 민족 위에 뛰어나게 하실 것이라
2 네가 네 하나님 여호와의 말씀을 청종하면 이 모든 복이 네게 임하며 네게 이르리니
3 성읍에서도 복을 받고 들에서도 복을 받을 것이며
4 네 몸의 자녀와 네 토지의 소산과 네 짐승의 새끼와 소와 양의 새끼가 복을 받을 것이며
5 네 광주리와 떡 반죽 그릇이 복을 받을 것이며
6 네가 들어와도 복을 받고 나가도 복을 받을 것이니라
7 여호와께서 너를 대적하기 위해 일어난 적군들을 네 앞에서 패하게 하시리라 그들이
한 길로 너를 치러 들어왔으나 네 앞에서 일곱 길로 도망하리라
8 여호와께서 명령하사 네 창고와 네 손으로 하는 모든 일에 복을 내리시고 네 하나님 여
호와께서 네게 주시는 땅에서 네게 복을 주실 것이며
9 여호와께서 네게 맹세하신 대로 너를 세워 자기의 성민이 되게 하시리니 이는 네가
네 하나님 여호와의 명령을 지켜 그 길로 행할 것임이니라

디모데후서 3:14-17

14 그러나 너는 배우고 확신한 일에 거하라 너는 네가 누구에게서 배운 것을 알며
15 또 어려서부터 성경을 알았나니 성경은 능히 너로 하여금 그리스도 예수 안에 있는
믿음으로 말미암아 구원에 이르는 지혜가 있게 하느니라
16 모든 성경은 하나님의 감동으로 된 것으로 교훈과 책망과 바르게 함과 의로 교육
하기에 유익하니
17 이는 하나님의 사람으로 온전하게 하며 모든 선한 일을 행할 능력을 갖추게 하려
함이라

여호수아 1:7-8

7 오직 강하고 극히 담대하여 나의 종 모세가 네게 명령한 그 율법을 다 지켜 행하
고 우로나 좌로나 치우치지 말라 그리하면 어디로 가든지 형통하리니
8 이 율법책을 네 입에서 떠나지 말게 하며 주야로 그것을 묵상하여 그 안에 기록된
대로 다 지켜 행하라 그리하면 네 길이 평탄하게 될 것이며 네가 형통하리라

습관 만들기

이제부터 우리도 규칙적으로 하나님의 말씀을 묵상해볼까요? 앞으로 한 주 동안 시간을 정해놓고 아래 표에 따라 말씀을 묵상해봅시다.

주일		
	묵상 본문	여호수아 1:7-8 7 오직 강하고 극히 담대하여 나의 종 모세가 네게 명령한 그 율법을 다 지켜 행하고 우로나 좌로나 치우치지 말라 그리하면 어디로 가든 지 형통하리니 8 이 율법책을 네 입에서 떠나지 말게 하며 주야로 그것을 묵상하여 그 안에 기록된 대로 다 지켜 행하라 그리하면 네 길이 평탄하게 될 것이며 네가 형통하리라
	본문 요약	• • • •
	내게 주신 말씀	
	내게 주신 은혜	
	실천 사항	• • •

습관 만들기 체크표

월	화	수	목	금	토
막 1:1-5	막 1:6-11	막 1:12-13	막 1:14-15	막 1:16-20	막 1:21-28

묵상을 하면 체크해주세요

05

친밀함으로 두 걸음

말씀처럼

성경본문 마태복음 21:28-31 ; 야고보서 1:21-25
중심구절 야고보서 1:22

하나님의 마음은?

예수님을 믿은지 3년 된
나조각
토기교회 학생 중
성경을 제일 많이 읽는 친구!
하지만, 읽기만 한다면?

지난달 새로 나온
한실천
오늘 아침
출애굽기 20장을 읽었다!
그리고, 바로 행동개시!

들은 후에

마태복음 21:28-31

28 그러나 너희 생각에는 어떠하냐 어떤 사
람에게 두 아들이 있는데 맏아들에게 가
서 이르되 얘 오늘 포도원에 가서 일하라
하니
29 대답하여 이르되 아버지여 가겠나이다
하더니 가지 아니하고
30 둘째 아들에게 가서 또 그와 같이 말하니
대답하여 이르되 싫소이다 하였다가 그
후에 뉘우치고 갔으니
31 그 둘 중의 누가 아버지의 뜻대로 하였느
뇨 이르되 둘째 아들이니이다 예수께서
그들에게 이르시되 내가 진실로 너희에게
이르노니 세리들과 창녀들이 너희보다 먼
저 하나님의 나라에 들어가리라

야고보서 1:21-25

21 그러므로 모든 더러운 것과 넘치는 악을
내버리고 너희 영혼을 능히 구원할 바 마
음에 심어진 말씀을 온유함으로 받으라
22 너희는 말씀을 행하는 자가 되고 듣기만
하여 자신을 속이는 자가 되지 말라
23 누구든지 말씀을 듣고 행하지 아니하면
그는 거울로 자기의 생긴 얼굴을 보는 사
람과 같아서
24 제 자신을 보고 가서 그 모습이 어떠한
것을 곧 잊어버리거니와
25 자유롭게 하는 온전한 율법을 들여다보고
있는 자는 듣고 잊어버리는 자가 아니요
실천하는 자니 이 사람은 그 행하는 일에
복을 받으리라

1. 마태복음을 읽고 아래 상황에 빗대어 알맞게 연결해보세요.

- 가 "싫어요!"라고 대답했지만 뉘우치고 청소한다.
- 나 "네!"라고 대답했지만 친구와 놀러간다.
- 다 "싫어요!"라고 대답하고 집에 간다.
- 라 "네!"라고 대답하고 곧바로 청소를 시작한다.

2. 하나님께서 기뻐하시는 사람은 어떤 유형일까요? 문제 1번의 ㉮, ㉯, ㉰, ㉱ 유형을 순서대로 배열해보세요.

하나님께서 기뻐하시는 사람 ( ) ( ) ( ) ( ) 하나님께서 안타까워하시는 사람

3. 다음 그림을 보고 각 사람의 특징을 본문에서 찾아보세요.

자신을 ______ 사람
약 1:22

행하는 일에 ____ 받는 사람
약 1:25

혹시 이게 나의 모습?

내가 하나님께 불순종했을 때를 생각해보며 말풍선을 채워보세요. 그리고 불순종한 나의 모습을 보며 예수님께서 어떤 말씀을 하셨을지도 생각해보세요.

너희는 말씀을 행하는 자가 되고 듣기만 하여 자신을 속이는 자가 되지 말라 (약 3:22)

친밀함으로 세 걸음

06 거룩하게

성경본문 베드로전서 1:13-25
중심구절 베드로전서 1:15-16

토기장이 성형외과

토기장이 성형외과 원장인 당신에게 한 사람이 찾아와 가장 아름다운 얼굴이 되게 해달라고 부탁하였습니다. 당신이 생각하는 가장 아름다운 얼굴을 만들어 보세요.

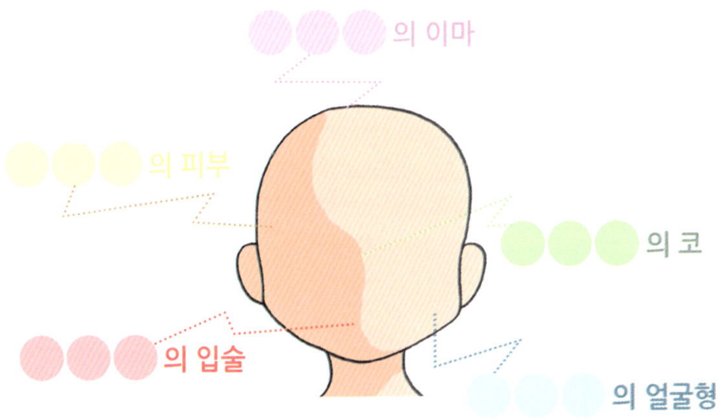

이 사람의 삶도 '거룩한 삶'으로 성형이 가능할까요?

베드로전서 1:13-25

13 그러므로 너희 마음의 허리를 동이고 근신하여 예수 그리스도께서 나타나실
때에 너희에게 가져다 주실 은혜를 온전히 바랄지어다
14 너희가 순종하는 자식처럼 전에 알지 못할 때에 따르던 너희 사욕을 본받지
말고
15 오직 너희를 부르신 거룩한 이처럼 너희도 모든 행실에 거룩한 자가 되라
16 기록되었으되 내가 거룩하니 너희도 거룩할지어다 하셨느니라
17 외모로 보시지 않고 각 사람의 행위대로 판단하시는 이를 너희가 아버지라 부
른즉 너희가 나그네로 있을 때를 두려움으로 지내라
18 너희가 알거니와 너희 조상이 물려준 헛된 행실에서 대속함을 받은 것은 은이
나 금 같이 없어질 것으로 된 것이 아니요
19 오직 흠 없고 점 없는 어린 양 같은 그리스도의 보배로운 피로 된 것이니라
20 그는 창세 전부터 미리 알린 바 된 이나 이 말세에 너희를 위하여 나타내신
바 되었으니
21 너희는 그를 죽은 자 가운데서 살리시고 영광을 주신 하나님을 그리스도로 말

1. 거룩하지 못하고 구원받을 수 없었던 죄인인 우리가 구원을 얻고 깨끗하게 된 것은 무엇 때문인가요?(벧전 1:19)

2. 우리가 거룩한 사람이 되어야 하는 까닭은 무엇인가요?(벧전 1:16)

미암아 믿는 자니 너희 믿음과 소망이 하나님께 있게 하셨느니라
22 너희가 진리를 순종함으로 너희 영혼을 깨끗하게 하여 거짓이 없이 형제를 사
랑하기에 이르렀으니 마음으로 뜨겁게 서로 사랑하라
23 너희가 거듭난 것은 썩어질 씨로 된 것이 아니요 썩지 아니할 씨로 된 것이니
살아 있고 항상 있는 하나님의 말씀으로 되었느니라
24 그러므로 모든 육체는 풀과 같고 그 모든 영광은 풀의 꽃과 같으니 풀은 마르
고 꽃은 떨어지되
25 오직 주의 말씀은 세세토록 있도다 하였으니 너희에게 전한 복음이 곧 이 말
씀이니라

로마서 12:1-2

1 그러므로 형제들아 내가 하나님의 모든 자비하심으로 너희를 권하노니 너희 몸
을 하나님이 기뻐하시는 거룩한 산 제물로 드리라 이는 너희가 드릴 영적 예
배니라
2 너희는 이 세대를 본받지 말고 오직 마음을 새롭게 함으로 변화를 받아 하나님
의 선하시고 기뻐하시고 온전하신 뜻이 무엇인지 분별하도록 하라

3. 거룩한 사람이 되기 위해 피해야 하는 것들을 성경본문에서 찾아보세요.

- 자기 한 개인의 이익만을 위하는 욕심 …… ______ 을 본받지 말고
- 이것을 성공하는 데 가장 중요한 것이라고 생각해서는 안됨 …… ______ 로만 판단하지 않고
- ______ 을 물려받지 않고

4. 사도 바울은 로마서에서 우리의 삶을 거룩한 산 제물로 드리기 위해 어떻게 살 것을 권면하고 있나요?

어떻게 건너야 할까요?

죄와 유혹이 가득한 세상에서 하나님의 거룩한 자녀로 살아가려면 어떻게 해야 할까요? 각 징검다리의 주제들을 읽고 하나님의 자녀로서 올바른 행동이 무엇인지 생각해봅시다.

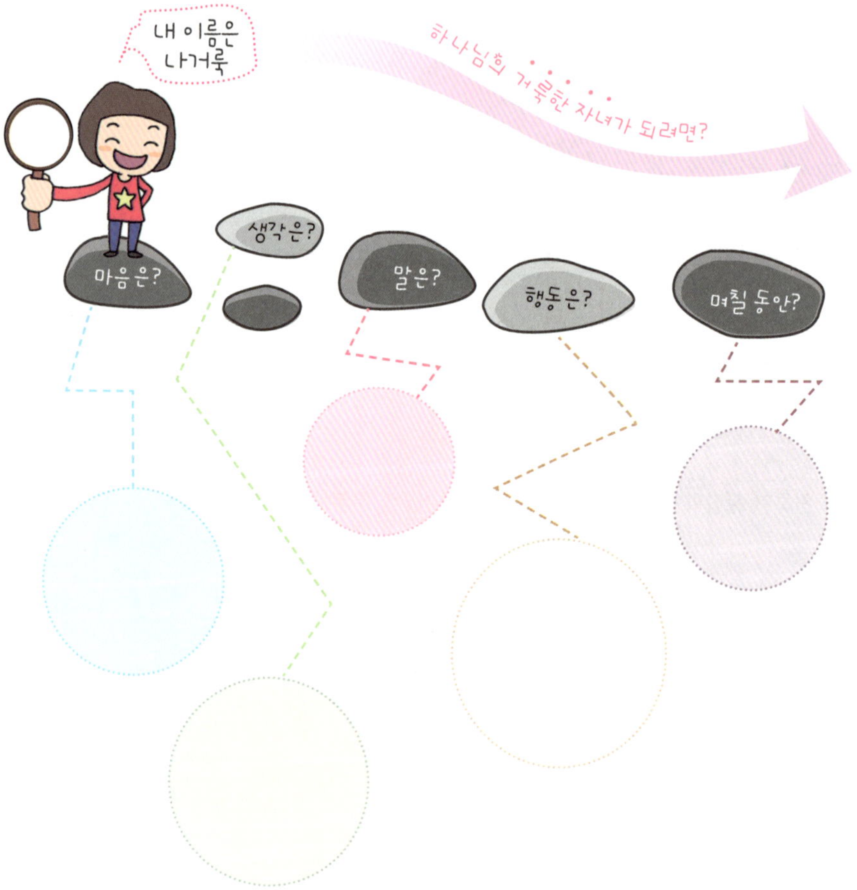

07 성령님과 함께 걸어요

성경본문 로마서 7:19-25, 8:1-2, 5-15
중심구절 로마서 8:14

로제타 홀 이야기

로제타 홀
Rosetta Sherwood Hall

남편 윌리엄 제임스 홀과 함께 조선의 의료 선교사로 파송된 로제타 셔우드 홀은 결혼한지 2년 5개월 만에 남편을 전염병으로 잃고 말았다. 당시 29세였던 그녀는 사랑하는 남편을 잃은 슬픔을 견딜 수 없어서 두 살 난 큰 아이와 둘째 아이를 임신한 상태로 잠시 미국으로 돌아갔다.
그러나 로제타 홀은 미국으로 돌아간지 3년 만에 남편이 그토록 사랑했던 조선으로 돌아와 의료선교사로서 사역을 감당했다. 그녀는 광혜여원을 설립해 부녀자들과 아동을 위한 의료 사업에 착수했고 한편으로 맹인 교육도 실시하는 등 의료 선교에 헌신했다.
로제타 홀은 평양 선교 사역 중에 사랑하는 큰딸을 전염병으로 떠나보냈다. 그러나 그녀는 남편과 딸을 잃는 고통 속에서도 43년 동안 선교사역을 멈추지 않았다.

1. 바울의 마음 안에 거하는 두 가지 법은 무엇인가요?(롬 7:25)

2. 사도 바울은 죄와 사망의 법으로부터 우리를 해방시키시는 유일한 분이 누구라고 하였나요?(롬 8:1)

로마서 7:19-25

19 내가 원하는 바 선은 행하지 아니하고 도리
어 원하지 아니하는 바 악을 행하는도다

20 만일 내가 원하지 아니하는 그것을 하면 이
를 행하는 자는 내가 아니요 내 속에 거하는 죄
니라

21 그러므로 내가 한 법을 깨달았노니 곧 선
을 행하기 원하는 나에게 악이 함께 있는 것
이로다

22 내 속사람으로는 하나님의 법을 즐거워하되

23 내 지체 속에서 한 다른 법이 내 마음의 법
과 싸워 내 지체 속에 있는 죄의 법으로 나를
사로잡는 것을 보는도다

24 오호라 나는 곤고한 사람이로다 이 사망의
몸에서 누가 나를 건져내랴

25 우리 주 예수 그리스도로 말미암아 하나님
께 감사하리로다 그런즉 내 자신이 마음으로는
하나님의 법을 육신으로는 죄의 법을 섬기노라

로마서 8:1-2, 5-15

1 그러므로 이제 그리스도 예수 안에 있는 자에
게는 결코 정죄함이 없나니

2 이는 그리스도 예수 안에 있는 생명의 성령의
법이 죄와 사망의 법에서 너를 해방하였음이라

5 육신을 따르는 자는 육신의 일을, 영을 따르
는 자는 영의 일을 생각하나니

3. 바울이 로마서 8장에서 설명한 두 종류의 사람에 대해 정리해봅시다.

1. 롬 8:5
2. 롬 8:6
3. 롬 8:7
4. 롬 8:8

1. 롬 8:5
2. 롬 8:6
3. 롬 8:9

나는 ______ 을 따르는 사람이 되겠습니다!

6 육신의 생각은 사망이요 영의 생각은 생명과
평안이니라
7 육신의 생각은 하나님과 원수가 되나니 이는
하나님의 법에 굴복하지 아니할 뿐 아니라 할
수도 없음이라
8 육신에 있는 자들은 하나님을 기쁘시게 할 수
없느니라
9 만일 너희 속에 하나님의 영이 거하시면 너희
가 육신에 있지 아니하고 영에 있나니 누구든
지 그리스도의 영이 없으면 그리스도의 사람이
아니라
10 또 그리스도께서 너희 안에 계시면 몸은 죄
로 말미암아 죽은 것이나 영은 의로 말미암아
살아 있는 것이니라
11 예수를 죽은 자 가운데서 살리신 이의 영
이 너희 안에 거하시면 그리스도 예수를 죽
은 자 가운데서 살리신 이가 너희 안에 거하
시는 그의 영으로 말미암아 너희 죽을 몸도
살리시리라
12 그러므로 형제들아 우리가 빚진 자로되 육신
에게 져서 육신대로 살 것이 아니니라
13 너희가 육신대로 살면 반드시 죽을 것이로되
영으로써 몸의 행실을 죽이면 살리니
14 무릇 하나님의 영으로 인도함을 받는 사람은
곧 하나 님의 아들이라
15 너희는 다시 무서워하는 종의 영을 받지 아
니하고 양자의 영을 받았으므로 우리가 아빠
아버지라고 부르짖느니라

인도하심

프랑스의 지하철 입구에서 바이올린 연주로 구걸을 해서 사는 한 소년이 있었습니다. 그는 초등학교도 제대로 다니지 못했고, 열네살 때까지 신발 한 켤레도 변변히 신어본 일이 없을 만큼 가난했습니다. 그러나 예수님에 대한 사랑과 믿음은 그 어느 누구보다 풍성했습니다.

그는 학교 공부는 못했지만 하나님의 말씀을 열심히 배웠고, 그것을 통해 성령의 인도를 받고 사는 방법을 알게 되었습니다. 그는 하나님께 의뢰하는 가운데 성령의 인도를 받아 사업에 큰 성공을 이루게 되었고, 위대한 실업가로 인정받게 되었습니다. 그는 새로운 사업에 투자해 한번도 실패한 적이 없었습니다. 어떤 사람이 그에게 사업이 날로 번창하는 비결을 묻자 그는 이렇게 대답했습니다.

"우리 집에는 기도실이 따로 마련되어 있습니다. 나는 중대한 투자를 할 때마다 그 기도실에 들어가 금식 기도를 하고 말씀을 보며 하나님께서 들려주시는 음성에 귀 기울입니다. 그리고 하나님의 성령께서 내 마음에 경험이나 이성을 초월한 어떤 확신이나 불길 같은 소원을 통해 말씀해 주시면 그 말씀대로 행합니다. 언제나 이렇게 성령의 인도하심을 받았기 때문에 성공할 수 있었습니다."

무릇 하나님의 영으로 인도함을 받는 사람은 곧 하나님의 아들이라 (롬 8:14)

08 주님 다시 오실 때까지

성경본문 마태복음 24:36-44, 베드로후서 3:11b-12a
중심구절 마태복음 24:44

집을 지켜라

도둑이 당신의 집 담에 다음과 같은 경고문을 붙였습니다. 이제 당신은 어떻게 대처하겠습니까?

도둑같이 오리라

마태복음 24:36-44

36 그러나 그 날과 그 때는 아무도 모르나니 하늘의 천사들도, 아들도 모르고
오직 아버지만 아시느니라
37 노아의 때와 같이 인자의 임함도 그러하리라
38 홍수 전에 노아가 방주에 들어가던 날까지 사람들이 먹고 마시고 장가 들고
시집 가고 있으면서
39 홍수가 나서 그들을 다 멸하기까지 깨닫지 못하였으니 인자의 임함도 이와
같으리라
40 그 때에 두 사람이 밭에 있으매 한 사람은 데려감을 당하고 한 사람은 버려
둠을 당할 것이요
41 두 여자가 맷돌질을 하고 있으매 한 사람은 데려감을 당하고 한 사람은 버려
둠을 당할 것이니라
42 그러므로 깨어 있으라 어느 날에 너희 주가 임할는지 너희가 알지 못함이니
라
43 너희도 아는 바니 만일 집 주인이 도둑이 어느 시각에 올 줄을 알았더라면
깨어 있어 그 집을 뚫지 못하게 하였으리라
44 이러므로 너희도 준비하고 있으라 생각하지 않은 때에 인자가 오리라

베드로후서 3:11-12

11 …너희가 어떠한 사람이 되어야 마땅하냐 거룩한
행실과 경건함으로
12 하나님의 날이 임하기를 바라보고 간절히 사모
하라

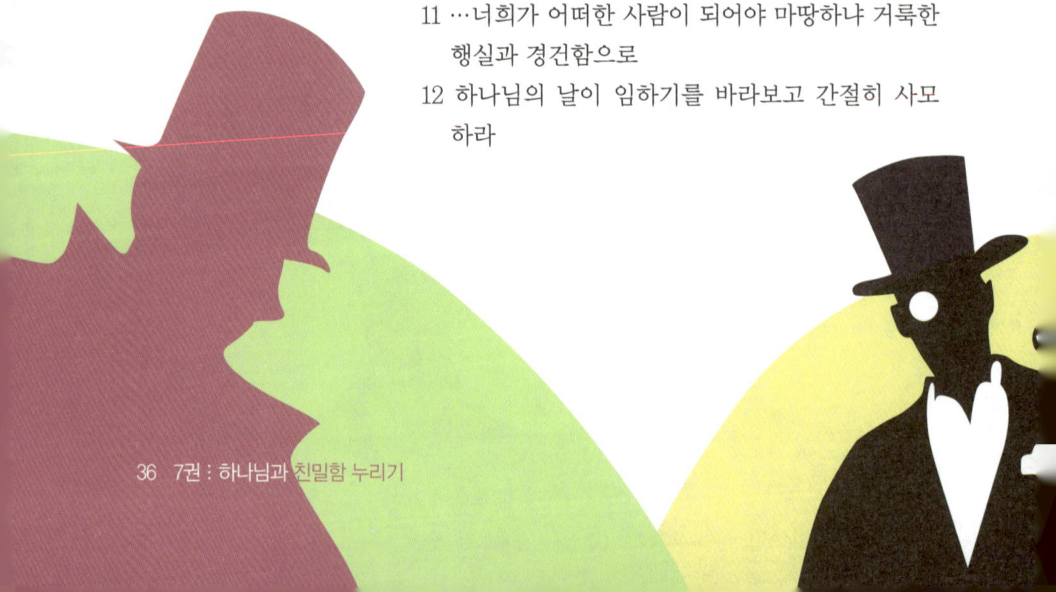

Q1

예수님과 문자를 주고 받은 화면입니다.
성경본문을 읽고 예수님께서 어떻게 답하셨는지
완성해 봅시다.

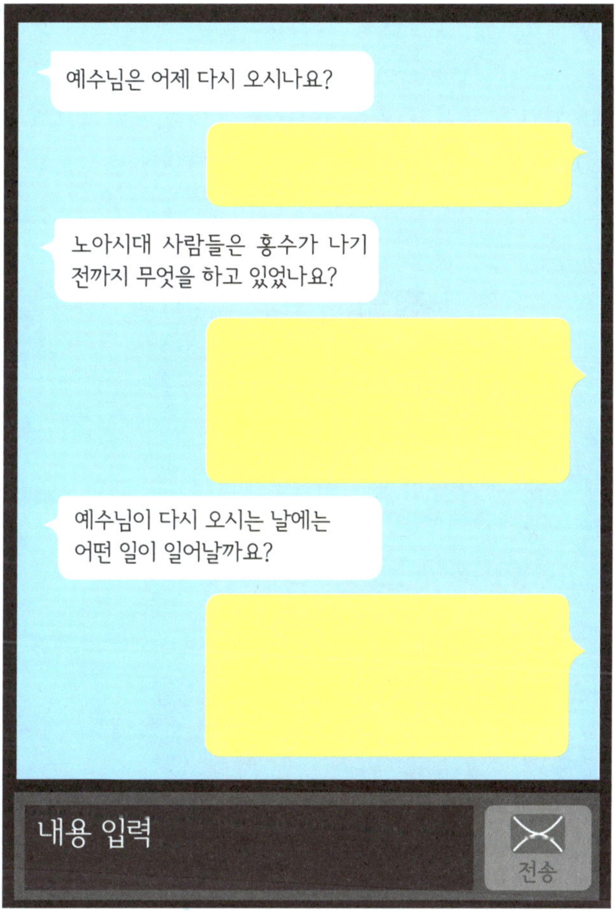

2. 우리가 깨어 있어야 하는 이유는 무엇일까요?

3. 예수님의 재림을 '깨어 준비한다'는 것은 무슨 의미일까요?(벧후 3:11-12)

기다림 계획표

예수님이 다시 오실 그 날까지 어떻게 하면 깨어 준비할 수 있을지 아래의 성경구절들을 참고하여 계획표를 완성해 봅시다.

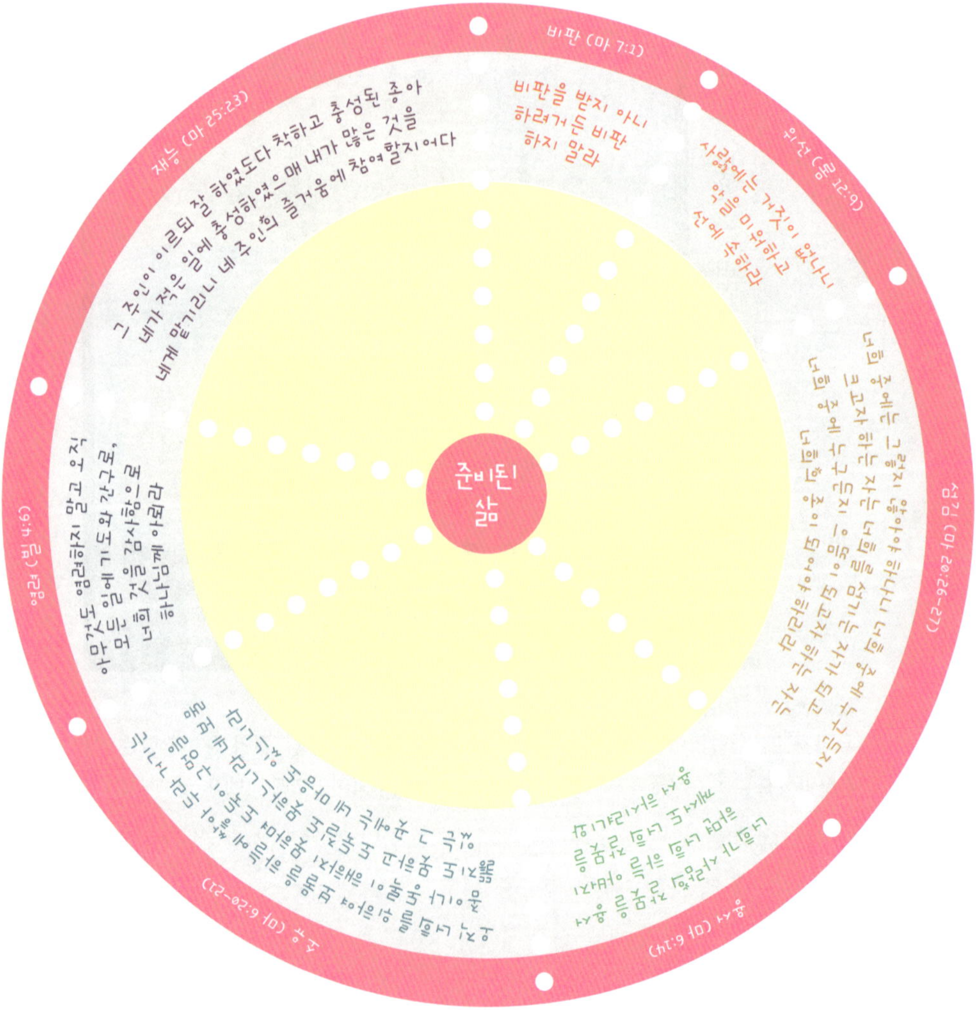

Togijangi Bible Study teen series

2

사순절과 기쁨의 50일 Ⅲ

01 약속 • **02** 약속으로의 초대 • **03** 거절당한 예수님 •
04 마지막 수업 • **05** 흔들 수 없는 결심 • **06** 가상칠언 •
07 부활의 증인되기 • **08** 성령받은 후에

01 약속

성경본문 이사야 53:5, 요한복음 10:14-15
중심구절 요한복음 10:14-15

내 인생의 약속

다음 사자성어의 뜻은 무엇일까요?

양을 위해 목숨을 버리노라

우리를 위한 하나님의 약속(사 53:1-12)

1 우리가 전한 것을 누가 믿었느냐 여호와
의 팔이 누구에게 나타났느냐
2 그는 주 앞에서 자라나기를 연한 순 같
고 마른 땅에서 나온 뿌리 같아서 고
운 모양도 없고 풍채도 없은즉 우리가
보기에 흠모할 만한 아름다운 것이 없
도다
3 그는 멸시를 받아 사람들에게 버림받았
으며 간고를 많이 겪었으며 질고를 아
는 자라 마치 사람들이 그에게서 얼굴
을 가리는 것같이 멸시를 당하였고 우
리도 그를 귀히 여기지 아니하였도다
4 그는 실로 우리의 질고를 지고 우리의
슬픔을 당하였거늘 우리는 생각하기를
그는 징벌을 받아 하나님께 맞으며 고
난을 당한다 하였노라
5 그가 찔림은 우리의 허물 때문이요 그가
상함은 우리의 죄악 때문이라 그가 징
계를 받음으로 우리는 평화를 누리고
그가 채찍에 맞음으로 우리는 나음을
받았도다
6 우리는 다 양 같아서 그릇 행하며 각기
제 길로 갔거늘 여호와께서는 우리 모
두의 죄악을 그에게 담당시키셨도다
7 그가 곤욕을 당하여 괴로울 때에도 그의
입을 열지 아니하였음이여 마치 도수장
으로 끌려가는 어린 양과 털 깎는 자 앞
에 잠잠한 양 같이 그의 입을 열지 아니
하였도다
8 그는 곤욕과 심문을 당하고 끌려갔으나
그 세대 중에 누가 생각하기를 그가 살

1. 이사야서 본문에 기록된 하나님의 약속은 무엇입니까?(6절)

아있는 자들의 땅에서 끊어짐은 마땅히
형벌받을 내 백성의 허물 때문이라 하
였으리요
9 그는 강포를 행하지 아니하였고 그의 입
에 거짓이 없었으나 그의 무덤이 악인
들과 함께 있었으며 그가 죽은 후에 부
자와 함께 있었도다
10 여호와께서 그에게 상함을 받게 하시기
를 원하사 질고를 낭하게 하셨은즉 그
의 영혼을 속건제물로 드리기에 이르면
그가 씨를 보게 되며 그의 날은 길 것이
요 또 그의 손으로 여호와께서 기뻐하
시는 뜻을 성취하리로다
11 그가 자기 영혼의 수고한 것을 보고 만
족하게 여길 것이라 나의 의로운 종이
자기 지식으로 많은 사람을 의롭게 하며
또 그들의 죄악을 친히 담당하리로다
12 그러므로 내가 그에게 존귀한 자와 함
께 몫을 받게 하며 강한 자와 함께 탈취
한 것을 나누게 하리니 이는 그가 자기
영혼을 버려 사망에 이르게 하며 범죄
자 중 하나로 헤아림을 받았음이라 그
러나 그가 많은 사람의 죄를 담당하며
범죄자를 위하여 기도하였느니라

우리를 위한 예수님의 약속(요 10:14-15)

14 나는 선한 목자라 나는 내 양을 알고 양
도 나를 아는 것이
15 아버지께서 나를 아시고 내가 아버지를
아는 것 같으니 나는 양을 위하여 목숨
을 버리노라

2. 나음 물음에 답해봅시다.

하나님이 예수님을
희생하면서까지
약속을 지키신 이유
(사 53:10)

"나는 양을 위하여
목숨을 버리노라"
고 말씀하신 이유
(요 10:15)

하늘에서 온 편지

'하나님께 보내는 편지'를 천천히 읽으면서 편지를 완성해 봅시다.

나 __________(이)를 사랑하시고
하나님의 외아들 예수 그리스도를 이 땅에 보내셔서
__________(이)를 위해 돌아가게 하심으로 __________(이)의
죄를 용서받게 하셔서 감사합니다. 하나님 아버지의 아들 예수
그리스도를 __________(이)가 믿으며 __________(이)의 삶의 구세주
이심을 고백합니다. __________(이)의 죄를 용서하시고 약속하신 성령을
보내주셔서 하나님이 __________(이)안에 있다는 것을 알게 해주세요.
__________(이)가 사랑 안에 거하도록 도와주시고 그래서 하나님께서
__________(이) 안에 거하고 __________(이)가 하나님 안에 거하도록
해주세요. __________(이)의 기도를 들어주셔서 감사합니다.
__________ 올림.

추신. 하나님을 개인적으로 알게 되어서
무척 기뻐요.

02 약속으로의 초대

성경본문 누가복음 5:1-11
중심구절 누가복음 5:11

가라사대 게임

가라사대 게임요령

선생님의 지시를 잘 듣고 "가라사대"라는 말 다음의 지시만 하면 된다. "가라사대"라는 말이 없는 지시를 따라했을 경우에는 탈락!

예

가라사대 오른손 들어요! ➡ 오른손을 든다.
그럼 왼손도 들어보세요! ➡ 이때 왼손을 들면 탈락!

당신은 누구의 말을 따라 살아가고 있나요?

예수를 따르니라

1. 먼저 성경본문을 읽고, 다음 이야기 중 잘못된 단어들을 찾아서 바르게 고쳐봅시다.

여호수아가 디베랴 호숫가에서 말씀하실 때 많은 갈매기들이 노래를 들으려고 날아왔다. 그때 호숫가에는 잠수함 두 척이 있었고 목자들은 양을 돌보고 있었다. 여호수아는 그것을 보고 그 중 하나인 요나의 잠수함에 오르셨다. 그리고 그에게 잠수함을 육지에서 조금 떼어 놓게 하시고 앉아서 제비를 뽑게 하셨다.

여호수아가 제비뽑기를 마친 후 노아에게 "깊은 데로 가 잣나무로 배를 만들어라"하시자 노아는 "선생님, 제가 40일을 애써 봤지만 한 척도 만들지 못했습니다. 그러나 선생님이 말씀하시니 한 번 더 모든 동물들을 암수 한쌍씩 내보내겠습니다."하고 내보냈더니 동물이 너무 많이 잡혀 입이 찢어지게 되었다.

그래서 그들은 다른 잠수함에 있는 동료들에게 와서 먹으라고 연기로 신호하였다. 그들이 와서 함께 먹고 잠수함을 가득 채우자 몸무게를 이기지 못하여 배가 가라앉을 지경이었다.

예레미야가 이것을 보고 여호수아 앞에 꿇어 엎드려 "모세의 후계자님, 저는 뚱보입니다. 제발 저를 떠나주십시오."하였다. 이것은 자기뿐만 아니라 자기와 함께 있던 부인들이 고래 잡힌 것을 보고 놀라고 또 그의 동업자들인 아담의 두 아들 가인과 아벨도 놀랐기 때문이었다. 이때 삭개오가 바리새인에게 "두려워하지 말라. 이제부터 너는 상어를 낚을 것이다."하자 그들은 신발을 육지에 두고 모든 것을 버려둔 채 헤롯을 따라갔다.

누가복음 5:1-11

1 무리가 몰려와서 하나님의 말씀을 들을
새 예수는 게네사렛 호숫가에 서서 2 호
숫가에 배 두 척이 있는 것을 보시니 어
부들은 배에서 나와서 그물을 씻는지라
3 예수께서 한 배에 오르시니 그 배는 시
몬의 배라 육지에서 조금 떼기를 청하시
고 앉으사 배에서 무리를 가르치시더니
4 말씀을 마치시고 시몬에게 이르시되
깊은 데로 가서 그물을 내려 고기를 잡으
라 5 시몬이 대답하여 이르되 선생님 우
리들이 밤이 새도록 수고하였으되 잡은
것이 없지마는 말씀에 의지하여 내가 그
물을 내리리이다 하고 6 그렇게 하니 고
기를 잡은 것이 심히 많아 그물이 찢어지

2. 시몬 베드로는 왜 예수님의 말씀을 따랐을까요?

3. 모든 것을 버리고 예수님을 따랐던 베드로는 어떤 대가를 치렀을까요? 그리고 예수님을 따름으로 어떤 유익을 얻었을까요?

4. 베드로와 안드레, 야고보, 요한은 자신의 가장 소중한 배와 그물을 버리고 예수님을 따랐습니다. 그렇다면 예수님을 따르기 위해 내가 과감하게 버려야 할 배와 그물은 무엇일까요?

는지라 7 이에 다른 배에 있는 동무들에
게 손짓하여 와서 도와 달라 하니 그들
이 와서 두 배에 채우매 잠기게 되었더라
8 시몬 베드로가 이를 보고 예수의 무릎
아래에 엎드려 이르되 주여 나를 떠나소
서 나는 죄인이로소이다 하니 9 이는 자
기및 자기와 함께 있는 모든 사람이 고기
잡힌 것으로 말미암아 놀라고 10 세베대
의 아들로서 시몬의 동업자인 야고보와
요한도 놀랐음이라 예수께서 시몬에게
이르시되 무서워하지 말라 이제 후로는
네가 사람을 취하리라 하시니 11 그들이
배들을 육지에 대고 모든 것을 버려 두고
예수를 따르니라

나를 부르시는 예수님

부르심에 합당한 삶을 사는데 도움이 되는 것에 O 표 하세요.

예수님께서 나를 부르셨으니

☐ **아침에 일어나자마자 예수님께 기도한다.**

☐ 학교는 정해진 시간에 정확하게 등교한다.

☐ **15분 일찍 학교에 가서 공부를 시작하기 전에 성경을 읽는다.**

☐ 수업 시간에 잠이 오면 잠깐 잠을 자는 것도 좋다.

☐ **친구를 전도하기 위해 예수님께 기도한다.**

☐ 나를 싫어하는 친구들과는 어울리지 않는다.

☐ **친구들을 도울 기회를 찾는다.**

☐ 내가 하고 싶은 것은 무엇이든지 한다.

☐ **예수님께서 나와 함께 계시며 나를 돕고 계심을 믿는다.**

☐ 나보다 공부와 예체능을 잘하는 친구는 반드시 이긴다.

☐ 나만이 할 수 있는 실천 : ……………………………………

……………………………………………………………………

모든 것을 버려 두고 예수를 따르니라(눅 5:11)

03 거절당한 예수님

성경본문 마가복음 12:1-12 ; 요한복음 1:9-12
중심구절 요한복음 1:12

거절상황 "넌 안돼!"

친구 생일파티에
나만 초대 못받
았을 때

친구가 나를
수신거부했을 때

교실에서
내 책상이
없어졌을 때

혹시 예수님을 거절하고 있지 않나요?

1. 포도원 비유에서 각각의 상징들은 무엇을 나타내는지 알맞게 짝지어봅시다.

포도원 •	• 대제사장들, 율법학자, 장로들
포도원 주인 •	• 하나님의 선지자들
포도원 농부들 •	• 예수 그리스도
주인의 아들 •	• 이스라엘
주인이 보낸 종들 •	• 하나님

2. 예수님은 포도원 비유를 통해 인간의 어떤 모습을 말씀하고 계신가요?

3. 비록 우리가 예수님을 배척하고 거절하였다 할지라도 마음을 돌이켜 예수님을 영접하면, 하나님은 우리에게 무엇을 주신다고 약속하셨나요?(요 1:12)

4. 성경말씀을 비추어 볼 때 하나님 아버지와 아들 예수, 그리고 하나님께서 보내신 선지자들에 대한 우리의 올바른 태도는 무엇이라고 생각하나요?

마가복음 12:1-12

1 예수께서 비유로 그들에게 말씀하시되 한 사람이 포도원을 만들어 산울타
리로 두르고 즙 짜는 틀을 만들고 망대를 지어서 농부들에게 세로 주고
타국에 갔더니
2 때가 이르매 농부들에게 포도원 소출 얼마를 받으려고 한 종을 보내니
3 그들이 종을 잡아 심히 때리고 거저 보내었거늘
4 다시 다른 종을 보내니 그의 머리에 상처를 내고 능욕하였거늘
5 또 다른 종을 보내니 그들이 그를 숙이고 또 그 외 많은 종들도 더러는 때
리고 더러는 죽인지라
6 이제 한 사람이 남았으니 곧 그가 사랑하는 아들이라 최후로 이를 보내며
이르되 내 아들은 존대하리라 하였더니
7 그 농부들이 서로 말하되 이는 상속자니 자 죽이자 그러면 그 유산이 우리
것이 되리라 하고
8 이에 잡아 죽여 포도원 밖에 내던졌느니라
9 포도원 주인이 어떻게 하겠느냐 와서 그 농부들을 진멸하고 포도원을 다
른 사람들에게 주리라
10 너희가 성경에 건축자들이 버린 돌이 모퉁이의 머릿돌이 되었나니
11 이것은 주로 말미암아 된 것이요 우리 눈에 놀랍도다 함을 읽어 보지도
못하였느냐 하시니라
12 그들이 예수의 이 비유가 자기들을 가리켜 말씀하심인 줄 알고 잡고자 하
되 무리를 두려워하여 예수를 두고 가니라

요한복음 1:9-12

9 참 빛 곧 세상에 와서 각 사람에게 비추는 빛이 있었나니
10 그가 세상에 계셨으며 세상은 그로 말미암아 지은 바 되었으되 세상이 그
를 알지 못하였고
11 자기 땅에 오매 자기 백성이 영접하지 아니하였으나
12 영접하는 자 곧 그 이름을 믿는 자들에게는 하나님의 자녀가 되는 권세를
주셨으니

손가락 접어

예수님에 대한 나의 거절지수는 어느 정도일까요? 간단한 손가락게임을 통해 예수님과 나의 친밀도를 체크해봅시다!

당신은 예수님의 절친

조금 더 노력하면 당신도 멋진 그리스도인!

예수님은 당신을 무척 사랑하세요. 그 사랑을 잊지마세요.

영접하는 자 곧 그 이름을 믿는 자들에게는 하나님의 자녀가 되는 권세를 주셨으니 (요 1:12)

04 마지막 수업

성경본문 요한복음 13:1-15
중심구절 요한복음 13:14-15

기분이 어떨까요?

마지막 수업

1 유월절 전에 예수께서 자기가 세상을
떠나 아버지께로 돌아가실 때가 이른
줄 아시고 세상에 있는 자기 사람들을
사랑하시되 끝까지 사랑하시니라
2 마귀가 벌써 시몬의 아들 가룟 유다의
마음에 예수를 팔려는 생각을 넣었더니
3 저녁 먹는 중 예수는 아버지께서 모든
것을 자기 손에 맡기신 것과 또 자기가
하나님께로부터 오셨다가 하나님께로
돌아가실 것을 아시고
4 저녁 잡수시던 자리에서 일어나 겉옷을
벗고 수건을 가져다가 허리에 두르시고
5 이에 대야에 물을 떠서 제자들의 발을
씻으시고 그 두르신 수건으로 닦기를
시작하여
6 시몬 베드로에게 이르시니 베드로가
이르되 주여 주께서 내 발을 씻으시나
이까
7 예수께서 대답하여 이르시되 내가 하
는 것을 네가 지금은 알지 못하나 이후
에는 알리라
8 베드로가 이르되 내 발을 절대로 씻지

1. 아래의 문장을 읽고 예수님의 마지막 수업에 맞는 내용이면 "O", 틀리면 "X"로 표시하세요.

(3절) 예수님의 마지막 수업은 아침식사 중에 시작되었다.

(5절) 예수님은 제자들의 발을 닦아주셨다.

(9절) 베드로는 손도 닦아주고 머리도 감겨달라고 했다.

(14절) 예수님은 제자들이 서로 얼굴을 닦아주기를 원하셨다.

(10절) 예수님은 모든 제자가 깨끗하다고 하셨다.

못하시리이다 예수께서 대답하시되 내
가 너를 씻어 주지 아니하면 네가 나와
상관이 없느니라
9 시몬 베드로가 이르되 주여 내 발뿐 아
니라 손과 머리도 씻어 주옵소서
10 예수께서 이르시되 이미 목욕한 자는
발밖에 씻을 필요가 없느니라 온 몸이
깨끗하니라 너희가 깨끗하나 다는 아
니니라 하시니
11 이는 자기를 팔 자가 누구인지 아심이
라 그러므로 다는 깨끗하지 아니하다
하시니라
12 그들의 발을 씻으신 후에 옷을 입으시
고 다시 앉아 그들에게 이르시되 내가
너희에게 행한 것을 너희가 아느냐
13 너희가 나를 선생이라 또는 주라 하
니 너희 말이 옳도다 내가 그러하다
14 내가 주와 또는 선생이 되어 너희 발
을 씻었으니 너희도 서로 발을 씻어
주는 것이 옳으니라
15 내가 너희에게 행한 것 같이 너희도
행하게 하려 하여 본을 보였노라

요한복음 13:1-15

2. 예수님께서 베드로의 발을 씻겨 주시려 할 때 베드로가 거절한 이유는 무엇일까요?

3. 예수님께서 제자들의 발을 씻기신 이유는 무엇일까요?

상식을 넘어서

예수님은 상식을 뛰어넘는 섬김을 보여주셨습니다. 우리도 예수님처럼 상식을 뛰어넘는 섬김을 실천할 수 있을까요?

독거노인 가정방문

노숙자 빵 사드리기

외국인노동자 자녀 공부 도우미

구체적인 섬김의 실천

.... 을(를) 위해 내가 섬길 수 있는 일?

....

....

....

....

내가 주와 또는 선생이 되어 너희 발을 씻었으니 너희도 서로 발을 씻어 주는 것이 옳으니라(요 13:14)

05 흔들 수 없는 결심

성경본문 마태복음 21:6-11, 26:36-39, 27:15-26
중심구절 마태복음 26:39

감 놔라 배 놔라

많은 사람들이 당신에게 '감 놔라 배 놔라'할 때 당신의 반응은?

마태복음 21:6-11

6 제자들이 가서 예수의 명하신대로 하여

7 나귀와 나귀 새끼를 끌고 와서 자기들의 겉옷을 그 위에 얹으매 예수께서 그 위에 타시니

8 무리의 대다수는 그들의 겉옷을 길에 펴고 다른 이들은 나뭇가지를 베어 길에 펴고

9 앞에서 가고 뒤에서 따르는 무리가 소리 높여 이르되 호산나 다윗의 자손이여 찬송하리로다 주의 이름으로 오시는 이여 가장 높은 곳에서 호산나 하더라

10 예수께서 예루살렘에 들어가시니 온 성이 소동하여 이르되 이는 누구냐 하거늘

11 무리가 이르되 갈릴리 나사렛에서 나온 선지자 예수라 하니라

마태복음 26:36-39

36 이에 예수께서 제자들과 함께 겟세마네라 하는 곳에 이르러 제자들에게 이르시되 내가 저기 가서 기도할 동안에 너희는 여기 앉아 있으라 하시고

37 베드로와 세베대의 두 아들을 데리고 가실새 고민하고 슬퍼하사

38 이에 말씀하시되 내 마음이 매우 고민하여 죽게 되었으니 너희는 여기 머물러 나와 함께 깨어 있으라 하시고

39 조금 나아가사 얼굴을 땅에 대시고 엎드려 기도하여 이르시되 내 아버지여 만일 할 만하시거든 이 잔을 내게서 지나가게 하옵소서 그러나 나의 원대로 마시옵고 아버지의 원대로 하옵소서 하시고

마태복음 27:15-26

15 명절이 되면 총독이 무리의 소원대로 죄수 한 사람을 놓아 주는 전례가 있더니

16 그 때에 바라바라 하는 유명한 죄수가 있는데

17 그들이 모였을 때에 빌라도가 물어 이르되 너희는 내가 누구를 너희에게 놓아 주기를 원하느냐 바라바냐 그리스도라 하는 예수냐 하니

18 이는 그가 그들의 시기로 예수를 넘겨 준 줄 앎이더라

19 총독이 재판석에 앉았을 때에 그의 아내가 사람을 보내어 이르되 저 옳은 사람에게 아무 상관도 하지 마옵소서 오늘 꿈에 내가 그 사람으로 인하여 애를 많이 태웠나이다 하더라

20 대제사장들과 장로들이 무리를 권하여 바라바를 달라 하게 하고 예수를 죽이자 하게 하였더니

21 총독이 대답하여 이르되 둘 중의 누구를 너희에게 놓아 주기를 원하느냐 이르되 바라바로소이다

22 빌라도가 이르되 그러면 그리스도라 하는 예수를 내가 어떻게 하랴 그들이 다 이르되 십자가에 못 박혀야 하겠나이다

23 빌라도가 이르되 어찜이냐 무슨 악한 일을 하였느냐 그들이 더욱 소리질러 이르되 십자가에 못 박혀야 하겠나이다 하는지라

24 빌라도가 아무 성과도 없이 도리어 민란이 나려는 것을 보고 물을 가져다가 무리 앞에서 손을 씻으며 이르되 이 사람의 피에 대하여 나는 무죄하니 너희가 당하라

25 백성이 다 대답하여 이르되 그 피를 우리와 우리 자손에게 돌릴지어다 하거늘

26 이에 바라바는 저희에게 놓아 주고 예수는 채찍질하고 십자가에 못 박히게 넘겨 주니라

1. 예수님께서 어린 나귀를 타고 예루살렘에 입성하실 때 예루살렘 사람들은 어떤 반응을 보였나요?

2. 예수님께서 붙잡히신 후 빌라도 앞에서 심문을 당하실 때 예루살렘 사람들은 어떤 반응을 보였나요?

3. 이와 같은 예루살렘 사람들의 반응 속에서 예수님께서 선택하신 길은 무엇이었을까요?(마 26:39)

비아 돌로로사

빌라도의 법정에서 십자가 처형을 선고받으신 예수님은 온 인류의 죄를 십자가 위에 짊어 지시고 '비아 돌로로사'(십자가의 길)를 걸어가십니다. 나의 죄를 위해 그 길을 걸어가신 예수님의 심정과 고난을 묵상하고 친구들과 함께 이야기해봅시다.

라틴어로 비아 돌로로사(Via Dolorosa)라고 불리는 '십자가의 길'은 예수 그리스도가 본디오 빌라도에게 재판을 받은 곳으로부터 십자가를 지고 골고다 언덕(갈라비아 언덕)을 향해 걸었던 약 800m의 길과 골고다 언덕에서 십자가 처형에 이르기까지의 전 과정을 의미합니다.

조금 나아가사 얼굴을 땅에 대시고 엎드려 기도하여 이르시되 내 아버지여 만일 할 만하시거든 이 잔을 내게서 지나가게 하옵소서 그러나 나의 원대로 마시옵고 아버지의 원대로 하옵소서 하시고(마 26:39)

06 가상칠언

성경본문 누가복음 23:33-34,39-43,46 : 요한복음 19:25-30
마태복음 27:45-46

중심구절 누가복음 23:43

유언의 이유

1598년 12월 16일, 조선 선조 31년 노량해전에서 이순신 장군은 일본군의 총탄을 맞고 전사하였습니다. 총탄을 맞은 후 그는 "나의 죽음을 적에게 알리지 말라"는 유언을 남겼습니다. 이런 유언을 남긴 이유는 무엇일까요?

예수님께서 십자가에서 남기신 가상칠언을 알고 계십니까?

가상칠언

1. 예수님께서 숨을 거두시기 전, 십자가에서 남긴 마지막 일곱 마디의 말씀들을 가상칠언(架上七言)이라고 합니다. 빈 칸에 알맞은 말을 채워 '가상칠언 보고서'를 완성해봅시다.

가상일언 : 눅 23:33-34

33 해골이라 하는 곳에 이르러 거기서
예수를 십자가에 못 박고 두 행악자도
그렇게 하니 하나는 우편에, 하나는 좌
편에 있더라
34 이에 예수께서 이르시되 아
버지 저들을 사하여 주옵소서
자기들이 하는 것을 알지 못함
이니이다 하시
더라

가상이언 : 눅 23:39-43

39 달린 행악자 중 하나는 비방하여 이르
되 네가 그리스도가 아니냐 너와 우리를
구원하라 하되
40 하나는 그 사람을 꾸짖어 이르되
네가 동일한 정죄를 받고서도 하
나님을 두려워하지 아니하느냐
41 우리는 우리가 행한 일에 상
당한 보응을 받는 것이니 이
에 당연하거니
와 이 사람이 행
한 것은 옳지 않
은 것이 없느니
라 하고
42 이르되 예수
여 당신의 나라
에 임하실 때에 나
를 기억하소서 하니
43 예수께서 이르시되 내가 진
실로 네게 이르노니 오늘 네가
나와 함께 낙원에 있으리라 하
시니라

가상삼언 : 요 19:25-27

25 예수의 십자가 곁에는 그 어
머니와 이모와 글로바의 아내
마리아와 막달라 마리아가 섰는
지라
26 예수께서 자기의 어머니와
사랑하시는 제자가 곁에 서 있
는 것을 보시고 자기 어머니께
말씀하시되 여자여 보소서 아들
이니이다 하시고
27 또 그 제자에게 이르시되 보라 네
어머니라 하신대 그 때부터 그 제자
가 자기 집에 모시니라

가상사언 : 마 27:45-49

45 제육시로부터 온 땅에 어둠
이 임하여 제구시까지 계속되더
니 46 제구시쯤에 예수께서 크게 소리 질러 이르
시되 엘리 엘리 라마 사박다니 하시니 이는 곧 나
의 하나님, 나의 하나님, 어찌하여 나를 버리셨나
이까 하는 뜻이라

가상오언, 가상육언 : 요 19:28-30

28 그 후에 예
수께서 모든 일이 이미 이루어
진 줄 아시고 성경을 응하게
하려 하사 이르시되 내가 목마
르다 하시니
29 거기 신 포도주가 가득히
담긴 그릇이 있는지라 사람들
이 신 포도주를 적신 해면을 우
슬초에 매어 예수의 입에 대니
30 예수께서 신 포도주를 받으
신 후에 이르시되 다 이루었다
하시고

가상칠언 : 눅 23:46

예수께서 큰 소리로
불러 이르시되 아버
지 내 영혼을 아버지
손에 부탁하나이다
하고 이 말씀을 하신
후 숨지시니라

십자가 그 사랑

연극 무대에서 30여 년 동안 예수님 역할을 맡아 온 안톤 레인지라는 배우가 있었습니다. 어느 날 한 여행객 부부가 안톤 레인지의 무대를 찾아왔습니다. 당시 무대 위에는 연극에 사용되는 소품인 큰 십자가가 놓여 있었습니다. 그 부부는 십자가를 진 모습을 카메라에 담고 싶었기 때문에 레인지에게 양해를 구하고 십자가를 들어보기로 했습니다. 하지만 아무리 노력해도 십자가를 들 수 없었습니다. 왜냐하면 그 십자가는 실제로 너무 무거웠기 때문입니다.

두 부부는 땀을 닦으며 레인지에게 물어보았습니다.

"단지 연극일 뿐인데 왜 이렇게 무거운 십자가를 사용하십니까?"

"만일 제가 십자가의 무게를 느낄 수 없다면 이 역할을 소화할 수 없기 때문입니다."

안톤 레인지는 진지한 모습으로 대답했습니다.

나를 위해 지셨던 예수님의 십자가는 결코 가볍지 않았습니다.
나를 위한 예수님의 사랑은 십자가였습니다.
당신이 지고 있는 십자가는 어떤가요?
삶의 십자가가 무거워서 불평하고 있지는 않나요?
가벼운 십자가를 바라고 있지는 않나요?
오늘도 예수님만을 바라보며 나에게 맡겨주신
십자가를 지고 예수님의 십자가 사랑을 전하는
주님의 제자 되기를 축복합니다.

07 부활의 증인되기

성경본문 누가복음 24:13-36
중심구절 누가복음 24:32

체험, 삶의 순간

다음 그림을 보며 기억 혹은 경험을 되살려보고 자신의 차례가 되면 둘 중 하나의 경험을 친구들에게 이야기해봅시다.

내가 타본 놀이기구 중 가장 짜릿했던 경험은?

언제?

어디서?

가장 무서웠던 순간은?

가장 짜릿했던 순간은?

주변 사람 중 번지점프 해본 사람이 있다면?

누가?

어디서?

가장 무서웠던 순간은?

가장 짜릿했던 순간은?

부활하신 예수님을 직접 만나보셨나요?

13 그 날에 그들 중 둘이 예루살렘에서 이
십오 리 되는 엠마오라 하는 마을로 가
면서
14 이 모든 된 일을 서로 이야기하더라
15 그들이 서로 이야기하며 문의할 때에
예수께서 가까이 이르러 그들과 동행하
시나
16 그들의 눈이 가리어져서 그인 줄 알아보
지 못하거늘
17 예수께서 이르시되 너희가 길 가면서 서
로 주고받고 하는 이야기가 무엇이냐 하
시니 두 사람이 슬픈 빛을 띠고 머물러
서더라
18 그 한 사람인 글로바라 하는 자가 대답
하여 이르되 당신이 예루살렘에 체류하
면서도 요즘 거기서 된 일을 혼자만 알
지 못하느냐
19 이르시되 무슨 일이냐 이르되 나사렛 예
수의 일이니 그는 하나님과 모든 백성
앞에서 말과 일에 능하신 선지자이거늘
20 우리 대제사장들과 관리들이 사형 판결
에 넘겨 주어 십자가에 못 박았느니라
21 우리는 이 사람이 이스라엘을 속량할 자
라고 바랐노라 이뿐 아니라 이 일이 일
어난 지가 사흘째요
22 또한 우리 중에 어떤 여자들이 우리로
놀라게 하였으니 이는 그들이 새벽에 무
덤에 갔다가
23 그의 시체는 보지 못하고 와서 그가 살
아나셨다 하는 천사들의 나타남을 보았
다 함이라
24 또 우리와 함께 한 자 중에 두어 사람이
무덤에 가 과연 여자들이 말한 바와 같
음을 보았으나 예수는 보지 못하였느니
라 하거늘
25 이르시되 미련하고 선지자들이 말한 모
든 것을 마음에 더디 믿는 자들이여
26 그리스도가 이런 고난을 받고 자기의 영
광에 들어가야 할 것이 아니냐 하시고
27 이에 모세와 모든 선지자의 글로 시작하
여 모든 성경에 쓴 바 자기에 관한 것을
자세히 설명하시니라
28 그들의 가는 마을에 가까이 가매 예수는
더 가려 하는 것 같이 하시니
29 그들이 강권하여 이르되 우리와 함께 유
하사이다 때가 저물어가고 날이 이미 기
울었나이다 하니 이에 그들과 함께 유하
러 들어가시니라
30 그들과 함께 음식 잡수실 때에 떡을 가
지사 축사하시고 떼어 그들에게 주시니
31 그들의 눈이 밝아져 그인 줄 알아 보더
니 예수는 그들에게 보이지 아니하시는
지라
32 그들이 서로 말하되 길에서 우리에게 말
씀하시고 우리에게 성경을 풀어 주실 때
에 우리 속에서 마음이 뜨겁지 아니하더
냐 하고
33 곧 그 때로 일어나 예루살렘에 돌아가
보니 열한 제자 및 그들과 함께 한 자들
이 모여 있어
34 말하기를 주께서 과연 살아나시고 시몬
에게 보이셨다 하는지라
35 두 사람도 길에서 된 일과 예수께서 떡
을 떼심으로 자기들에게 알려지신 것을
말하더라
36 이 말을 할 때에 예수께서 친히 그 가운
데 서서 이르시되 너희에게 평강이 있을
지어다 하시니

누가복음 24:13-36

1. 엠마오로 가던 두 제자가 예수님이 부활하셨음을 확신할 수 있었던 결정적인 증거는 무엇인가요?

2. 우리가 직접 엠마오의 두 제자가 되어서 '부활노트'를 기록해봅시다.

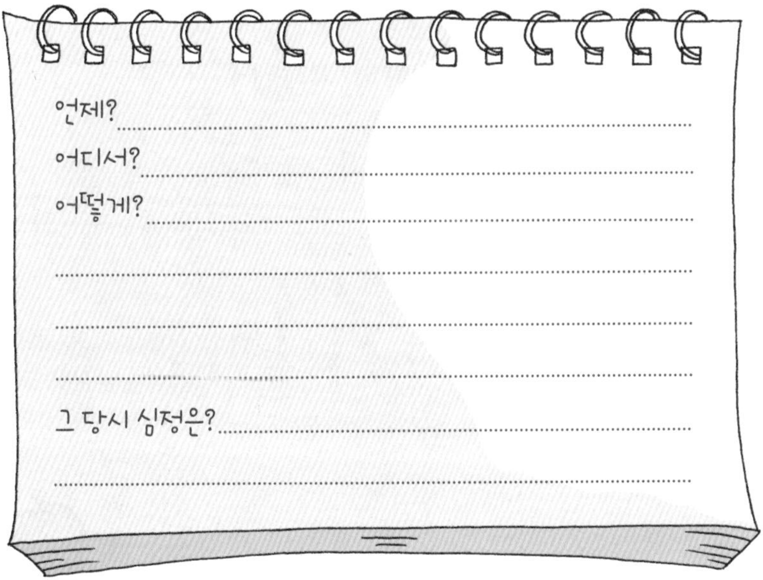

3. 엠마오의 두 제자와 열한 제자들은 예수님을 만난 후 어떻게 변화되었을까요?

아직도 부끄럽나요?

예수님께서 붙잡히셨을 때 제자들은 무서워서 도망쳤습니다. 그러나 부활하신 예수님을 다시 만난 후 두려움은 사라지고 평안과 기쁨이 찾아왔습니다. 제자들은 성령을 받은 후 담대하게 예수님의 부활을 전하였습니다. 나는 부활하신 예수님을 어떻게 생각하고 있나요?

부활 신앙 점검표	맞다	모르겠다	아니다
나는 예수님을 알지만 그렇게 큰 관심은 없다.			
나는 예수님께서 죽은 지 3일 만에 다시 살아나셨음을 분명히 믿는다.			
나는 다른 사람들에게 얘기해줄 만한 예수님에 대한 믿음이 없다.			
나는 친구들에게 예수님을 믿는다고 자신 있게 말할 수 있다.			
나는 예수님을 사랑하고 그분의 말씀에 순종하지만 다른 사람들에게 이 사실을 알리는 것이 참 힘들다.			
나는 예수님의 부활을 친구들에게 자신 있게 얘기해 줄 수 있다.			

우리에게 성경을 풀어 주실 때에 우리 속에서 마음이 뜨겁지 아니하더냐 (눅 24:32)

08 성령받은 후에

성경본문 마태복음 26:47-56 ; 요한복음 20:19-22 ;
사도행전 5:40-42, 8:1-8

중심구절 요한복음 20:22

무슨 일이 벌어졌을까요?

11명의 정체는?
지금 이들은 무엇을 하고 있는 것일까요?

힌트 요한복음 20:19

성령을 받으라

마태복음 26:47-56

47 말씀하실 때에 열둘 중의 하나인 유다가 왔는데 대제사장들과 백성의 장로
들에게서 파송된 큰 무리가 칼과 몽치를 가지고 그와 함께 하였더라 … 55 그
때에 예수께서 무리에게 말씀하시되 너희가 강도를 잡는 것 같이 칼과 몽치를
가지고 나를 잡으러 나왔느냐 내가 날마다 성전에 앉아 가르쳤으되 너희가 나
를 잡지 아니하였도다 56 그러나 이렇게 된 것은 다 선지자들의 글을 이루려
함이니라 하시더라 이에 제자들이 다 예수를 버리고 도망하니라

요한복음 20:19-22

19 이 날 곧 안식 후 첫날 저녁 때에 제자들이 유대인들을 두려워하여 모인 곳의 문들
을 닫았더니 예수께서 오사 가운데 서서 이르시되 너희에게 평강이 있을지어다 20 이
말씀을 하시고 손과 옆구리를 보이시니 제자들이 주를 보고 기뻐하더라 21 예수께서
또 이르시되 너희에게 평강이 있을지어다 아버지께서 나를 보내신 것 같이 나도 너희
를 보내노라 22 이 말씀을 하시고 그들을 향하사 숨을 내쉬며 이르시되 성령을 받으라

사도행전 5:40-42

40 그들이 옳게 여겨 사도들을 불러들여 채찍질하며 예수의 이름
으로 말하는 것을 금하고 놓으니 41 사도들은 그 이름을 위하여
능욕 받는 일에 합당한 자로 여기심을 기뻐하면서 공회 앞을 떠나
니라 42 그들이 날마다 성전에 있든지 집에 있든지 예수는 그리스
도라고 가르치기와 전도하기를 그치지 아니하니라

사도행전 8:1-8

1 사울은 그가 죽임 당함을 마땅히 여기더라 그 날에 예루살렘에 있는 교회에 큰
박해가 있어 사도 외에는 다 유대와 사마리아 모든 땅으로 흩어지니라 2 경건한
사람들이 스데반을 장사하고 위하여 크게 울더라 3 사울이 교회를 잔멸할새 각 집
에 들어가 남녀를 끌어다가 옥에 넘기니라 4 그 흩어진 사람들이 두루 다니며 복
음의 말씀을 전할새 5 빌립이 사마리아 성에 내려가 그리스도를 백성에게 전파하
니 6 무리가 빌립의 말도 듣고 행하는 표적도 보고 한마음으로 그가 하는 말을 따
르더라 7 많은 사람에게 붙었던 더러운 귀신들이 크게 소리를 지르며 나가고 또
많은 중풍병자와 못 걷는 사람이 나으니 8 그 성에 큰 기쁨이 있더라

1. 예수님께서 붙잡히시던 날 밤, 주님과 함께 있던 제자들의 행적은 어떠했나요?

2. 예수님께서 십자가에 못박혀 죽으신 후 숨어 있는 제자들에게 나타나 하신 말씀은 무엇인가요?

3. 성령을 받은 후 제자들은 어디에서 무엇을 하였나요?

4. 예루살렘에 있는 교회에 그리스도인들에 대한 큰 박해가 있었을 때 성도들의 행적은 어떠했나요?

십자가의 전달자

다음은 성령을 받고 변화된 그리스도인의 공통된 세 가지 특징입니다.
각 특징에 맞추어 실천할 수 있는 나만의 미션을 만들어 봅시다.

성령을 받은 후의 삶의 특징

1. 예수님 한 분만으로 기쁨이 넘친다.

Mission:

2. 예수님을 믿음으로 인한 박해를 두려워하지 않는다.

Mission:

3. 예수님을 믿지 않는 사람들에게 복음을 전한다.

Mission:

그들을 향하사 숨을 내쉬며 이르시되 성령을 받으라 (요 20:22)

날마다 말씀먹기

책																									
창세기	1	2	3	4	5	6	7	8	9	10	11	12	13	14	15	16	17	18	19	20	21	22	23	24	25
	26	27	28	29	30	31	32	33	34	35	36	37	38	39	40	41	42	43	44	45	46	47	48	49	50
출애굽기	1	2	3	4	5	6	7	8	9	10	11	12	13	14	15	16	17	18	19	20	21	22	23	24	25
	26	27	28	29	30	31	32	33	34	35	36	37	38	39	40										
레위기	1	2	3	4	5	6	7	8	9	10	11	12	13	14	15	16	17	18	19	20	21	22	23	24	25
	26	27																							
민수기	1	2	3	4	5	6	7	8	9	10	11	12	13	14	15	16	17	18	19	20	21	22	23	24	25
	26	27	28	29	30	31	32	33	34	35	36														
신명기	1	2	3	4	5	6	7	8	9	10	11	12	13	14	15	16	17	18	19	20	21	22	23	24	25
	26	27	28	29	30	31	32	33	34																
여호수아	1	2	3	4	5	6	7	8	9	10	11	12	13	14	15	16	17	18	19	20	21	22	23	24	
사사기	1	2	3	4	5	6	7	8	9	10	11	12	13	14	15	16	17	18	19	20	21				
룻기	1	2	3	4																					
사무엘상	1	2	3	4	5	6	7	8	9	10	11	12	13	14	15	16	17	18	19	20	21	22	23	24	25
	26	27	28	29	30	31																			
사무엘하	1	2	3	4	5	6	7	8	9	10	11	12	13	14	15	16	17	18	19	20	21	22	23	24	
열왕기상	1	2	3	4	5	6	7	8	9	10	11	12	13	14	15	16	17	18	19	20	21	22			
열왕기하	1	2	3	4	5	6	7	8	9	10	11	12	13	14	15	16	17	18	19	20	21	22	23	24	25
역대상	1	2	3	4	5	6	7	8	9	10	11	12	13	14	15	16	17	18	19	20	21	22	23	24	25
	26	27	28	29																					
역대하	1	2	3	4	5	6	7	8	9	10	11	12	13	14	15	16	17	18	19	20	21	22	23	24	25
	26	27	28	29	30	31	32	33	34	35	36														
에스라	1	2	3	4	5	6	7	8	9	10															
느헤미야	1	2	3	4	5	6	7	8	9	10	11	12	13												
에스더	1	2	3	4	5	6	7	8	9	10															
욥기	1	2	3	4	5	6	7	8	9	10	11	12	13	14	15	16	17	18	19	20	21	22	23	24	25
	26	27	28	29	30	31	32	33	34	35	36	37	38	39	40	41	42								
시편	1	2	3	4	5	6	7	8	9	10	11	12	13	14	15	16	17	18	19	20	21	22	23	24	25
	26	27	28	29	30	31	32	33	34	35	36	37	38	39	40	41	42	43	44	45	46	47	48	49	50
	51	52	53	54	55	56	57	58	59	60	61	62	63	64	65	66	67	68	69	70	71	72	73	74	75
	76	77	78	79	80	81	82	83	84	85	86	87	88	89	90	91	92	93	94	95	96	97	98	99	100
	101	102	103	104	105	106	107	108	109	110	111	112	113	114	115	116	117	118	119	120	121	122	123	124	125
	126	127	128	129	130	131	132	133	134	135	136	137	138	139	140	141	142	143	144	145	146	147	148	149	150
잠언	1	2	3	4	5	6	7	8	9	10	11	12	13	14	15	16	17	18	19	20	21	22	23	24	25
	26	27	28	29	30	31																			
전도서	1	2	3	4	5	6	7	8	9	10	11	12													
아가	1	2	3	4	5	6	7	8																	
이사야	1	2	3	4	5	6	7	8	9	10	11	12	13	14	15	16	17	18	19	20	21	22	23	24	25
	26	27	28	29	30	31	32	33	34	35	36	37	38	39	40	41	42	43	44	45	46	47	48	49	50
	51	52	53	54	55	56	57	58	59	60	61	62	63	64	65	66									
예레미야	1	2	3	4	5	6	7	8	9	10	11	12	13	14	15	16	17	18	19	20	21	22	23	24	25
	26	27	28	29	30	31	32	33	34	35	36	37	38	39	40	41	42	43	44	45	46	47	48	49	50
	51	52																							
예레미야애가	1	2	3	4	5																				
에스겔	1	2	3	4	5	6	7	8	9	10	11	12	13	14	15	16	17	18	19	20	21	22	23	24	25
	26	27	28	29	30	31	32	33	34	35	36	37	38	39	40	41	42	43	44	45	46	47	48		

다 니 엘	1	2	3	4	5	6	7	8	9	10	11	12													
호 세 아	1	2	3	4	5	6	7	8	9	10	11	12	13	14											
요 엘	1	2	3																						
아 모 스	1	2	3	4	5	6	7	8	9																
오 바 댜	1																								
요 나	1	2	3	4																					
미 가	1	2	3	4	5	6	7																		
나 훔	1	2	3																						
하 박 국	1	2	3																						
스 바 냐	1	2	3																						
학 개	1	2																							
스 가 랴	1	2	3	4	5	6	7	8	9	10	11	12	13	14											
말 라 기	1	2	3	4																					

마태복음	1	2	3	4	5	6	7	8	9	10	11	12	13	14	15	16	17	18	19	20	21	22	23	24	25
	26	27	28																						
마가복음	1	2	3	4	5	6	7	8	9	10	11	12	13	14	15	16									
누가복음	1	2	3	4	5	6	7	8	9	10	11	12	13	14	15	16	17	18	19	20	21	22	23	24	
요한복음	1	2	3	4	5	6	7	8	9	10	11	12	13	14	15	16	17	18	19	20	21				
사도행전	1	2	3	4	5	6	7	8	9	10	11	12	13	14	15	16	17	18	19	20	21	22	23	24	25
	26	27	28																						
로 마 서	1	2	3	4	5	6	7	8	9	10	11	12	13	14	15	16									
고린도전서	1	2	3	4	5	6	7	8	9	10	11	12	13	14	15	16									
고린도후서	1	2	3	4	5	6	7	8	9	10	11	12	13												
갈라디아서	1	2	3	4	5	6																			
에베소서	1	2	3	4	5	6																			
빌립보서	1	2	3	4																					
골로새서	1	2	3	4																					
데살로니가전서	1	2	3	4	5																				
데살로니가후서	1	2	3																						
디모데전서	1	2	3	4	5	6																			
디모데후서	1	2	3	4																					
디 도 서	1	2	3																						
빌레몬서	1																								
히브리서	1	2	3	4	5	6	7	8	9	10	11	12	13												
야고보서	1	2	3	4	5																				
베드로전서	1	2	3	4	5																				
베드로후서	1	2	3																						
요한일서	1	2	3	4	5																				
요한이서	1																								
요한삼서	1																								
유 다 서	1																								
요한계시록	1	2	3	4	5	6	7	8	9	10	11	12	13	14	15	16	17	18	19	20	21	22			

토틴만의 특별한 커리큘럼

◆ 전체 구성

	제목	내용
	새 친구를 위한 복음의 핵심	교회에 처음 나온 새 친구들을 위한 교재로 신앙의 기초를 든든히 다지는 내용입니다.
	신구약을 꿰뚫는 한눈에 보는 성경	신구약 파노라마로 구약은 시대와 등장인물을, 신약은 예수님과 초대교회를 중심으로 한 내용입니다.
1권 (1–4월)	하나님 안에서의 나의 신분	하나님 안에서 나를 발견하고 새롭게 변화되기, 그리고 사순절과 부활절에 대해 배웁니다.
2권 (5–8월)	거듭남, 그 이후	성경의 인물들과 예수님의 비유를 통해 거듭난 자로서 어떻게 살아가야 하는지에 대해 배웁니다.
3권 (9–12월)	비유로 배우는 하나님 나라	비유를 통해 하나님 나라를 배우고 소망하는 삶, 청소년들의 고민과 올바른 세계관 확립, 성탄절의 참 의미를 회복하는 내용으로 구성됩니다.
4권 (1–4월)	나는 예배자	예배가 무엇이며 예배자로 부름받은 나에 대해 배우고, 요한복음을 중심으로 한 사순절과 부활 절기를 다룹니다.
5권 (5–8월)	그리스도인의 관계형성	가정과 친구관계에서 그리스도인으로서의 정체성을 가지며, 성경 속 믿음의 인물들에 대해 배우고 나의 삶에 적용해봅니다.
6권 (9–12월)	어려운 질문	그리스도인으로 갖게 되는 어려운 질문들을 함께 생각해보고, 후반부에는 대림절과 크리스마스를 위한 내용을 배웁니다.
7권 (1–4월)	하나님과 친밀함 누리기	일상생활에서 하나님과 친밀함을 누리는 영적 훈련에 대해 배우며, 약속을 성취하시는 예수님을 중심으로 사순절과 부활절의 의미를 배웁니다.
8권 (5–8월)	여호와의 리더십학교	온전한 크리스천 리더십으로 성장하기 위해 우리 마음을 아름답게 가꾸는 내용과 성경 속 다양한 리더십에 대해 배웁니다.
9권 (9–12월)	성숙한 교회 공동체	성경 속 다양한 교회 공동체에 대해 배우며 '빛'을 주제로 한 대림절과 성탄절, 그리고 영혼을 사랑하는 복음 전도에 대해 배웁니다.

◆ 기초튼튼 과정

새 친구를 위한 복음의 핵심

- 창조, 하나님이 하신 일
- 죄, 하나님을 슬프게 하는 일
- 예수님, 우리를 위한 선물
- 거듭남, 변화된 삶을 향해
- 성령, 도우시는 하나님
- 성경, 살아있는 생명의 말씀
- 교회, 예수님의 몸
- 예배, 하나님을 기쁘시게

신구약을 꿰뚫는 한눈에 보는 성경

구약이야기

- 창조와 타락 최초의 사람들
- 족장시대 약속을 받은 사람들
- 모세와 출애굽 약속의 땅을 향해
- 가나안 정복 젖과 꿀이 흐르는 땅
- 사사시대 시련과 실수
- 통일왕국시대 세 왕 이야기
- 분열왕국시대 하나님을 떠난 이스라엘
- 바벨론 유수와 포로 귀환 다시 세우는 이스라엘

신약이야기

- 예수님의 세 가지 사역
- 십자가와 부활, 승천
- 초대교회의 탄생
- 박해받는 초대교회
- 교회의 부흥과 베드로의 사역
- 안디옥 교회와 최초의 선교사
- 바울의 전도여행
- 로마로 향하는 바울

◆ 1권-3권

1권 하나님 안에서의 나의 신분

하나님 안에서의 나의 신분

- 나를 지으신 주님
- 사랑받는 나
- 나는 부족하더라도
- 하나님 아버지의 마음
- 나는 주님의 기쁨
- 축복의 통로
- 나는 주님의 성전
- 주의 전신갑주를 입고

사순절과 기쁨의 50일 I

- 아들을 보내신 하나님
- 사람으로 오신 예수님
- 죄인의 친구
- 선한 목자
- 십자가를 지심
- 살아나신 그리스도
- 마라나타
- 성령의 열매

2권 거듭남 그 이후

거듭남의 비밀

- 집중분석, 죄
- 진정한 회개
- 위대한 용서
- 하나님의 무한사랑
- 거듭남1. 제2의 인생
- 거듭남2. 거듭남의 축복
- 거듭남3. 성장의 비밀
- 거듭남4. 구원의 확신

그리스도인의 삶

- 예수님을 만난 후
- 주님만 높이는 삶
- 진정한 기쁨이란
- 서로 사랑하기
- 남을 향한 손가락
- 가장 어려운 일, 용서
- 선한 영향력을 미치는 삶
- 하늘에 속한 그리스도인

3권 비유로 배우는 하나님 나라

비유로 배우는 하나님 나라

- 소금과 빛
- 반석 위에 지은 집
- 선한 사마리아인
- 결실을 맺는 땅
- 포도원 품꾼
- 열 처녀 이야기
- 달란트 비유
- 양과 염소의 비유

청소년의 삶과 고민

- 스타에 열광하는 당신
- 따돌림도 죄가 되나요?
- 누가 좀 말려줘요!
- 그리스도인의 이성교제

크리스마스 I 대림절과

- 약속 그대로
- 성탄목의 의미
- 찬송을 넘어 기쁨으로
- 성탄예배 선물

◆ 4권-6권

4권 나는 예배자	5권 그리스도인의 관계형성	6권 어려운 질문
나는 예배자 · 나는 예배자 · 춤추는 예배자 다윗 · 멈출 수 없는 예배 · 예배의 네 기둥 · 찬양과 예배 · 함께 드리는 기도 · 드림의 비밀 · 안식일의 주인	**그리스도인의 관계형성** · 부모님 공경하기 · 싸우는 가정 · 깨어진 가정 · 믿지 않는 가정 · 다윗의 친구 요나단 · 중풍병자의 네 친구 · 우정의 황금률1. 선한 충고 · 우정의 황금률2. 섬김	**기도 베이직** · 기도 베이직 · 기도의 모범답안, 주기도문 · 어려울 때 드리는 기도 · 응답받는 믿음의 기도 **어려운 질문** · 응답받지 못하는 기도의 이유는? · 사탄은 정말로 있을까? · 지옥은 정말로 있을까? · 이단이 도대체 뭐야? · 중독, 어두운 그림자 · 내가 고통당할 때 하나님은 어디 계시는가? · 내가 믿음 때문에 손가락질 당할 때 하나님은 어디 계시는가? · 내가 죽고 싶을 때 하나님은 어디 계시는가?
사순절과 기쁨의 50일 II · 향유를 부은 마리아 · 예루살렘으로 가는 길 · 마지막 설교, 한 알의 밀 · 고난과 영광의 길 · 부활하신 주님 · 디베랴 바닷가 · 감람산에서 · 마가의 다락방	**믿음의 영웅들** · 믿음의 영웅들 · 순종하는 믿음, 노아 · 내려놓음의 축복, 아브라함 · 시련을 이기는 믿음, 요셉 · 인생을 바꾼 믿음, 라합 · 기적을 부르는 믿음, 바디매오 · 믿기 어려울 때 · 칭찬받는 믿음	**대림절과 크리스마스 II** · 가브리엘의 방문 · 성령으로 기뻐한 사람들 · 베들레헴에 오신 왕 · 성탄예배 찬송하는 목자들

◆ 7권-9권

7권 하나님과 친밀함 누리기	8권 여호와의 리더십 학교	9권 성숙한 교회 공동체
하나님과 친밀함 누리기 · 하나님의 우선순위 · 하나님은 나의 주? · 인생 나침판 · 친밀함으로 한 걸음 말씀읽기 · 친밀함으로 두 걸음 말씀처럼 · 친밀함으로 세 걸음 거룩하게 · 성령님과 함께 걸어요 · 주님 다시 오실 때까지	**내면의 삶 가꾸기** · 걱정거리 · 열등감 · 탐욕 · 분노 · 강요 · 위선 · 영적 실패 · 경시	**성숙한 교회 공동체** · 그리스도의 몸된 교회 · 하나의 교회 · 한몸된 지체를 사랑하는 교회 · 예배공동체 · 품어주고 회복시키는 교회 · 부스러기 절대사절 · 선교하는 공동체 · 뜨겁든지 차갑든지 **전도** · 주님의 부르심 · 나의 프로필 · 잃어버린 한 영혼 · 나만의 전도스타일
사순절과 기쁨의 50일 III · 약속 · 약속으로의 초대 · 거절당한 예수님 · 마지막 수업 · 흔들 수 없는 결심 · 가상칠언 · 부활의 증인되기 · 성령받은 후에	**여호와의 리더십 학교** · 희생과 섬김 · 사람 끌어안기 · 하나님께 묻는 리더 · 모세의 링커십 · 여호수아의 팔로어십 · 반면교사 솔로몬 · 느헤미야 프로젝트 · 리더 임명식	**대림절과 크리스마스 III** · 공의의 빛 · 기이한 빛 · 세상의 빛 · 성탄예배 빛의 축제

토틴시리즈 하나님과 친밀함 누리기

1판 1쇄 2013년 10월 25일
1판 2쇄 2015년 1월 15일
2판 4쇄 2025년 9월 10일

지은이 토기장이 교재연구팀
일러스트 김미용
대표 조애신
책임편집 김정민, 조미래
편집 이소연
디자인 지은주, 임은미
마케팅 전필영
경영지원 전두표

발행처 도서출판 토기장이
주소 서울시 마포구 동교로 71-1 2F
출판등록 1998년 5월 29일 제1998-000070호
전화 02-3143-0400
팩스 0505-300-0646
이메일 tletter77@naver.com
인스타그램 togijangi_books_

ISBN 978-89-7782-297-9

도서출판 토기장이는 생명 있는 책만 만듭니다.
"우리는 진흙이요 주는 토기장이시니 우리는 다 주의 손으로 지으신 것이니이다" (이사야 64:8)